AF206049

Mentale Stärke

Mache das Beste aus dir

Herstellung und Verlag:
BoD – Books on Demand, Norderstedt

ISBN: 978-3-7494-9810-9

Inhalt des Buches

Vorwort

Als aller erstes lieber Leser und liebe Leserin bist du auf dem richtigen Weg, wenn du dir dieses Buch herausgesucht hast und das aus mehreren Gründen:

- Du hast dir selbst eingestanden das du auf Emotionaler Ebene ein Thema hast was du loswerden willst.
- Du hast das Thema erkannt.
- Du hast dich dazu bereit erklärt dieses Thema zu bearbeiten und es aus deinem Leben zu verbannen wofür du meinen vollen Respekt hast, denn diese drei Punkte brauchen sehr viel Mut.

Nun ein paar Worte zu mir. Ich selbst bin aktuell 18 Jahre Alt und bin auf der Suche nach mir selbst. Seit einem langen Zeitraum beschäftige ich mich mit dem Thema Persönlichkeitsentwicklung, um mir selbst auf die Schliche zu kommen und was sich denn für Glaubenssätze und Angewohnheiten in meinem Unterbewusstsein angesammelt haben.

Mit der Zeit hat sich dann das Ziel manifestiert ein Buch darüber zu schreiben um auch anderen Menschen, den es eventuell so geht wie mir, unter die Arme zu greifen und sie dabei zu unterstützen. Aus diesem Grund ist dies der erste Versuch Menschen zu erreichen und ihnen zu helfen.

Unterbewusstsein

1. Die Wichtigkeit des Unterbewusstseins

Lass uns doch erstmal klären was das Unterbewusstsein überhaupt ist. Du kannst dir das als deine Programmierung von dir selbst vorstellen. Alles mit was du täglich zu tun hast, was du sagst, was dir gesagt wird, wie du dich verhalten tust, was du dir täglich in deinem Kopf denkst (wenn du jetzt nicht gerade auf Arbeit bist oder in der Schule und dich darauf konzentrierst) und natürlich die Menschen von den du jeden Tag umgeben bist. Al das wird in deinem Unterbewusstsein gespeichert und auch diese ganzen Gedanken,

Erfahrungen und gesprochen Wörter formen dein Unterbewusstsein zu dem was es heute ist. Hier ein kleines Beispiel: Nehmen wir an du umgibst dich Jeden Tag mit Menschen, die nur auf andere achtgeben, nur über andere reden und sich selbst vollkommen aus den Augen verlieren und das machst du über einen langen Zeitraum. In diesem Fall ist die Wahrscheinlichkeit sehr groß das du selbst zu so einem Menschen wirst und nur noch über andere sprichst und dich selbst komplett aus den Augen verlierst. Das Schlimme in diesem Fall ist, wenn du nur auf andere achtest und dich vernachlässigst, verlierst du höchstwahrscheinlich deine eigenen Ziele aus den Augen, weil du erstmal über die Ziele eines anderen Menschen urteilen musst.

Ich hoffe du kannst dir denken wie es dann weiter geht und verstehst wie wichtig die Programmierung des Unterbewusstseins ist.

Das Unterbewusstsein ist etwas sehr Großartiges, wenn man weiß wie man es zu händeln hat und wie man es behandeln sollte.

Ich selbst durfte schon erfahren was das Unterbewusstsein mit dir und mir macht und habe verstanden das wir es kontrollieren müssen und nicht es uns. Das ist ein sehr wichtiger Punkt, wenn es darum geht.

Also tu dir den Gefallen und markiere dir die Stellen, die für dich wichtig sind und lese sie mehrmals. Damit fängst du schonmal an deinem Unterbewusstsein zusagen wo es lang geht.

2. Was macht es mit uns?

Wie ich schon ein paar Seiten weiter vorne erwähnt habe programmiert uns unser Unterbewusst sein aber lasst mich das am Beispiel von vorhin erklären.

Du bist ein sehr zielstrebiger Mensch und tust im Normalfall alles dafür deine Ziele zu erreichen. Plötzlich musst du die Schule wechseln oder hast eine neue Arbeitsstelle was zunächst ja nichts Schlimmes ist, aber dir fehlt dein gewohntes Umfeld. Du lernst neue Leute kennen und findest sie sympathisch. Anfangs lehnst du ihre Einladung ab mit ihnen, um die Häuser zu zuziehen und ein drauf zu machen, weil du deine Ziele verfolgst. Doch irgendwann lief dein Tag nicht wie geplant und du denkst dir einmal nichts machen tut keinem weh. Du lachst mit Ihnen und hast Spaß bis einer anfängt über euren Kollegen herzuziehen und über sein Haus zu urteilen, über seine erbrachten Leistungen auf Arbeit und so geht es weiter. Du denkst dir nichts dabei und gehst immer öfters mit, weil es dir Spaß gemacht hat. Aber irgendwann nervt auch dich der Arbeitskollege über den hergezogen wurde und du fängst auch an über ihn zu urteilen. An diesem Punkt angekommen beginnst du dein Unterbewusstsein darauf zu Programmieren das weg gehen ja mehr Spaß macht wie zuhause zu sitzen während alle unterwegs sind und dass es in Ordnung ist, sich über andere auszulassen. Ich meine die Leute, die du magst, machen es ja auch also muss es ja in Ordnung sein. Du lässt aber zu, dass du deine Ziele links liegen lässt und siehst ein das es sich doch gelohnt hätte an deinen Zielen zu arbeiten, weil du jetzt nur über jemanden redest der jetzt schon erfolgreicher ist als du, denn ihm ist es höchstwahrscheinlich egal was du sagst und er an seinen Zielen arbeitet.

Lass uns diese Situation jetzt analysieren, um zu verhindern das dir so etwas nicht passiert. Vorn weg schonmal gesagt geh feiern hab Spaß genieß dein Leben, aber du solltest deine

Ziele nicht aus den Augen verlieren.

Nun aber zu unserer Situation. Ein Fehler, der hier gemacht wurde, ist, nur weil nicht alles nach Plan klappt darfst du dich nicht davon abhalten lassen alles für dein Ziel zu tun. Deine Denkweise sollte sein:" Okay etwas funktioniert nicht wie es soll also Versuche ich es jetzt erstrecht!" Wir lernen aus Fehlern. Das ist sehr wichtig zu verstehen das Fehler etwas Gutes sind und das wir aus ihnen lernen können. Versuch dir das zu verinnerlichen, weil wer das versteht programmiert sich darauf, dass Fehler nichts Schlechtes sind und lässt sich von Rückschlägen oder Fehlern nicht runterziehen, sondern er lässt sich von den Fehlern motivieren. Als nächstes kommen wir zu dem Grund warum du es „unbewusst" zugelassen hast das es überhaupt soweit gekommen ist. Deine neuen Kollegen sind dir sympathisch, weshalb dir dein Unterbewusstsein sagt:" Die sind In Ordnung also ist es auch in Ordnung wie sie sich verhalten." Aus diesem Grund hast du kein Problem alte Glaubenssätze abzulegen und dir die Glaubenssätze anzueignen, nach denen deine Kollegen leben. Wenn dir dein Unterbewusstsein sagt, das die Menschen, mit denen du dich umgibst in Ordnung sind, fällt es dir leichter dich selbst so zu programmieren wie die anderen sich programmiert haben. Wie man aber in diesem Beispiel sehen kann ist das nicht immer gut wie das Unterbewusstsein denkt. Man muss sich Bewusst machen, dass die Glaubenssätze, die man in sich hat, eventuell nicht der Vorstellung von Leben entsprechen, das man sich vorstellt. Aus diesem Grund sollte man versuchen sein Unterbewusstsein zu erforschen und nach seinen Glaubenssätzen suchen, um sie zu kontrollieren und falls nötig in die Richtung lenken wo man selbst hinmöchte.

3. Verändere dein Unterbewusstsein

Jetzt stellen sich nur ein paar
Fragen: Wie soll ich an meine
Glaubenssätze herankommen?
Was sind Glaubenssätze?
Wie finde ich heraus was meine
Gewohnheiten sind? Wie kann
ich das ganze unterbrechen?
Um all diese Fragen soll es nun
gehen.
Zu aller erst klären wir was
Glaubenssätze sind. Sie leiten
dich durch dein Leben und
sagen dir wo es hingehen soll.
Es sind Denkweisen, die wir
uns selbst angeeignet haben
und uns noch aneignen
werden. Es sind
Überzeugungen und Dinge, die
wir für wahr halten. Sie sind

dafür verantwortlich wie wir auf Ereignisse reagieren und wie wir mit ihnen umgehen

Zum Beispiel haben viele Scheidungskinder Verlustängste, von denen sie Garnichts wissen. Vielen fällt zwar auf das sie Angst haben Menschen zu verlieren, welche Ihnen wichtig sind aber so richtig wissen woher das kommt wissen die meisten nicht. Viele Glaubenssätze entstehen im früher Alter was die meisten nicht vermuten würden. Ich selbst bin Scheidungskind und weiß diese Verlustängste sind wirklich nicht schön, aber was kann man tun, um diese loszuwerden?

Als erste sollte man in sich hören und die Angst sich Bewusst machen und vor allem dazustehen das man Angst hat, denn Angst haben ist nichts Schlimmes. Im Gegenteil überwindete Angst stärkt uns nur und wir können noch mehr schaffen. Dann solltest du Anfangen dir selbst zusagen das nicht alle Menschen gehen, nur weil du durch die Scheidung deiner Eltern vielleicht mehrere Menschen verloren hast, die dir wichtig waren. Nicht alle Menschen sind gleich und das wichtige ist die Menschen die wirklich in unser Leben gehören bleiben auch dort.

Also bitte verbau dir nicht Beziehungen oder Freundschaften da durch das du nur Angst hast sie zu verlieren. Oft passiert es das Menschen mit Verlustängsten ihren Gegenüber erdrücken und die Person sich eher von Ihnen abwenden, weil sie sich erdrückt fühlt. Es kann aber auch den Fall geben das Menschen mit der Angst andere Menschen zu verlieren, eine engere Beziehung (sei es eine Intime Beziehung oder eine freundschaftliche) eher Vermeiden, um sich selbst zu schützen.

Also bitte überwinde diese
Angst und verpasse nicht die
schönen Momente mit
Menschen, die du haben
könntest, wenn du dich nur
trauen würdest.
Nochmal zusammengefasst:

1. Erforsche dich indem du
   in dich hinein hörst.
2. Richte dich darauf aus,
   wo dich dein
   Unterbewusstsein
   hinbringen soll, indem du
   dir selbst jeden Tag sagst
   wo es hingeht.

Ich lese mir jeden Tag die Sätze durch:

- Du bist gesund
- Du bist glücklich
- Du bist erfolgreich

Weil genau da soll mein Unterbewusstsein mich hinbringen zu einem Gesunden, Glücklichem und Erfolgreichem Leben.

**Unsere Zweifel sind Verräter;
Sie lassen uns das Gute
verlieren,
dass wir oft erringen
könnten,
weil wir den Versuch
fürchten.**
William Shakespeare

Dein Umfeld
1.Produkt des Umfelds

Was meine ich mit dieser
Überschrift?
Für einen Gesunden und
ausgeglichenen Kopf, der Platz
zum Denken haben soll,
brauchen wir das richtige
Umfeld. Das wichtigste sind die
Menschen, mit denen wir uns
täglich umgeben. Wir nehmen
immer ein Stück unseres
Umfeldes auf und werden wie
dieses kleine Stück.
Beispielsweise umgibst du dich
mit Menschen, die sich sehr um
die Umwelt kümmern, wird es
dir nach der Zeit genauso
wichtig werden wie diesen
Menschen. Aber warum ist das
so? Auf unser gewohntes

Umfeld verlassen wir uns im Normalfall und mögen dieses auch. Somit sind wir schon viel offener dafür, mit was sich unser Umfeld auseinandersetzt. Dazu kommt noch das sich unser Unterbewusstsein viele Dinge merkt. Es ist also sehr wichtig das wir uns mit Menschen umgeben die das gleiche Ziel wie wir haben und im Idealfall sind die Menschen schon weiter wie wir selbst, denn dann können wir noch dabei etwas lernen.

Dieser Punkt ist sehr wichtig. Wir lernen nie zu Ende. Jeden Tag gibt es neue Möglichkeiten sich weiter zu entwickeln und etwas Neues zu lernen. Das bedeutet, wenn du in einem Raum mit 9 weiteren Menschen bist, ist im Idealfall der Großteil davon schon dort, wo du selbst hinwillst. Egal was für Ziele das sind. Ob du dich emotionaler freier machen möchtest oder du finanziell frei sein möchtest das ist ganz egal.

Das sei mal zu den Menschen in deinem Umfeld gesagt. Ein weiterer Faktor für ein klaren Kopf sind auch deine Wohnlichen Umstände und was dazu alles gehört. Hast du schonmal versucht an einem Unordentlichen Schreibtisch zu arbeiten? Ich finde dies ist unmöglich, weil das Chaos einen zerdrückt (so geht es zumindest mal mir). Also richte deine Wohnung, dein Zimmer oder deine restlichen Orte wo du dich viel aufhältst so ein, dass du Plazt zum Denken hast.

Ich sage mir immer:" Ein freies Zimmer bedeutet einen freien Kopf. "

Zusammengefasst:

1. Umgib dich mit den richtigen Menschen. Mit denen die dir auf deinem Weg helfen und dich unterstützen.
2. Höre niemals auf zu lernen. Wir können jeden Tag dazu lernen also umgib dich mit Menschen, die Dich dazu lernen lassen.
3. Kümmere dich auch um dein nicht Menschliches Umfeld, dass du nicht erdrückt wirst.

2. Dein Spiegel

Jeder kennt das doch. Wir regen uns mindestens ein paarmal die Woche über diese eine Person auf. Mir ging es eine Zeit lange genauso bis ich verstanden habe wieso. Der Grund wieso ich mich nicht mehr aufrege ist der, dass Ich verstanden habe das die Person nur ein Spiegel von mir ist und Ich selbst in mir drin diese Art an mir habe. Ich werde dir versprechen, wenn du die kommenden Seiten dir verinnerlichst und dir mühe gibst an dir zur arbeiten, anstatt dich über die anderen aufzuregen, wirst du dir viel Energie sparen, die du für andere großartige Dinge nutzen kannst. Es kann etwas länger dauern das alles herauszufinden und das Leben wird dir solange Menschen an die Seite stellen bist du es verstanden hast. Du musst dir vorstellen ich habe viele Gespräche mit meinen beiden Elternteilen geführt bis sie mir zu verstehen gegeben haben das es nicht an den anderen liegt, sondern an mir.

Ein großes Problem hatte ich mit jemanden aus meinem sehr engen Freundeskreis, weil er einfach ein riesen Egoist war. Egal wo, er hat immer so gehandelt das es am besten für ihn war. Ihr könnt euch nicht vorstellen wie sehr mich das gestresst hat. Egal in welchen Bereichen es musste immer so laufen wie er das wollte.

So lange habe ich damit gekämpft. Aber dann habe ich verstanden das ich auch so ein Egobolzen bin. Ich liebe es zwar anderen zu helfen und Personen etwas Gutes zu tun auch wenn ich selbst nichts davon habe. Die andere Seite ist, wenn ich mir etwas in Kopf gesetzt habe oder mich auf etwas freu könnte ich durchdrehen wen es dann nicht so läuft wie ich das will. Genau dieser Punkt ist mein Egoproblem. Er ist schon gezähmt worden hat aber noch viel Lernpotenzial vor sich.

Jetzt stellt sich bloß die Frage, wie?
Ich habe damit angefangen zu Akzeptieren das es an mir liegt und nicht an der anderen

Person, somit regst du dich
schonmal nicht mehr über sie
auf. Das Schöne daran ist du
hast mehr Energie übrig, um an
dir zu arbeiten. Ich kann dir
empfehlen frage dein Umfeld
nach deren Meinung dazu und
ob sie es auch so sehen wie
du. Meine Taktik war und ist es
immer noch mir selbst zusagen
das es ok ist, wenn es nicht so
läuft wie ich das haben möchte.
Ich versuche immer, wenn es
zu so einer Situation kommt
offen zu sein für das neue und
es hat sich schon oft
ausgezahlt. Meistens ist es das
eigene Ego, dem etwas nicht
passt, aber wir müssen lernen
damit umzugehen und wie wir
es bändigen können. Einer der
besten Wege ist meiner
Meinung nach der, genau das

Gegenteil davon zu tun was
unser Ego uns sagt. So lernen
wir es zu bändigen und wie wir
es kontrollieren, schließlich
wollen wir ja die Kontrolle
haben und uns gegenüber
unserem Ego profellieren.

Nicht das, dass jetzt falsch
rüber kommt unser Ego hilft
uns auch in vielen Dingen,
wenn es uns selbst eventuell zu
etwas motiviert oder uns
einfach mal sagt das wir nicht
auf der faulen Haut rumliegen
sollen.
Es kann uns Richtung
Zielgerade bringen, denn auch
das lenkt uns etwas in die
Richtige Richtung. Dafür
müssen wir aber auch uns die
richtigen Glaubenssätze

aneignen. Wie das geht haben
wir ja schon gelernt.
Also lasse dir von deinem Ego
keine Chancen verbauen, denn
das ist einfach nur ärgerlich.

**Alles worauf wir uns
konzentrieren wächst.**

Wenn du dich auf dich
konzentrierst wächst du.
Wenn du dich auf Scheise
konzentrierst, wächst die
Scheise.

Kopfzerbrechen

1. Gedanken machen

Dieses Kapitel ist mir persönlich das wichtigste Kapitel. Dieses Thema begleitet mich schon sehr lange und hat mich schon ein paar großartige Menschen gekostet einfach aus dem Grund das ich mir so viel schlecht geredet habe. Viele machen sich zu sehr Gedanken über die Dinge, die sie eigentlich nichts angehen oder über Dinge sie nicht beeinflussen können. Wir wollen sie aber trotzdem verändern, können das dann nicht und unser Ego spielt verrückt.

Ein anderes Problem von uns ist, dass wir nicht ehrlich zu uns selbst sind. Wir reden uns irgendwas ein was wir glauben wollen aber ins Geheim nicht tun und belasten uns damit dann selbst. Wir müssen dazu stehen wo wir Probleme haben. Wir sollten lieber an ihnen arbeiten. Wir denken dann eher daran wie es seien sollte und reden uns dann ein das es so ist.

Wir müssen zu uns ehrlich sein, um uns selbst nicht im Weg zu stehen. Wenn wir ehrlich zu uns selbst sind können wir uns viel Energie sparen. Wir müssen unsere Probleme bearbeiten, anstatt sie hinter etwas zu verstecken was wir nicht sind. Ich nehme mich an dieser Stelle einfach wieder selbst als Beispiel, weil ich es so am besten beschreiben kann. Das erste Erlebnis ist noch nicht al zulange her. Zu dem Zeitpunkt hatten meine Freundin und ich eine eher schwierigere Zeit. Ich fuhr mit meinem Auto von einem eher anstrengenden Wochenende zurück nachhause und hab mir dazu noch meinen Kopf über Dinge zerbrochen, die erstens nicht so dramatisch waren wie ich sie mir gedacht habe und zweitens, selbst wenn sie so dramatisch gewesen wären hätte ich sie nicht ändern können.

Sprich ich habe mir meinen Kopf unnötig zerbrochen.

Dann so ungefähr eine halbe Stunde bevor ich daheim war musste eine Frau stark abbremsen und da ich so sehr in meinen Gedanken versunken war konnte ich nicht rechtzeitig bremsen und bin ihr hinten draufgefahren.
Glücklicherweise sind wir alle mit einem Schreck weggekommen und nur mein Auto war so beschädigt das eine Reparatur nötig war.

Dieser Unfall war für mich der Zeitpunkt, an dem ich verstanden habe, dass ich mir nicht so viele Gedanken über alles machen sollte und solltest du auch nicht. Wir können so viele Dinge nicht ändern über die wir uns den Kopf zerbrechen. Wir rauben uns nur selbst die Energie. Energie die wir für andere schöne Momente haben könnten. Also bitte lass Die Dinge so kommen wie sie kommen und mach dich nicht selbst verrückt, denn du kannst es sowieso nicht ändern.

Achte vielleicht mal in nächster Zeit auf dich selbst und du wirst dabei erwischen wie du in Gedanken versunken bist und du dich viel zu sehr reinsteigerst. Wenn du dich dann ertappt hast versuche dir selbst zusagen das alles gut wird und du dir gerade zu Unrecht den Kopf zerbrichst. Ich persönlich sage mir dann immer selbst das sich mein Ego sich aus dem Staub machen soll und alles schon so kommen wird, wie es kommen soll. Wehre dich gegen dein

Ego und du wirst merken dir
wird es besser gehen. Dann
kannst du dir einfach noch
zusätzlich Musik anmachen, die
dich wieder hochzieht und du
wirst sehen, wenn du das
ganze es paar Mal machst,
wirst du glücklicher sein.

Stelle dir ab und an mal die
Frage:

**Was wäre, wenn ich nicht
darüber nachdenken würde?**

Die Antwort wird immer sein
das du glücklich bist.

2. Akzeptieren

Ich habe diesen Punkt oben schonmal angesprochen, aber ich denke dieser verdient seine eigenen paar Seiten. Viele von uns (mich mit einbezogen) haben in den meisten Sachen ein Problem damit Dinge zu akzeptieren die ihnen nicht passen oder unserem Ego. Darauf hin drehen wir durch, machen Stress oder verhalten uns so wie wir uns selbst nicht kennen und das nur aus dem Grund, weil wir unseren Willen nicht bekommen. Die Erkenntnis, die ich aus diversen Situationen mitnehmen durfte, war die, dass es nicht schlimm ist, wenn man seinen Willen nicht bekommt. Ich meine stelle dir doch mal vor: du und dein

Kumpel wollt euch treffen aber diskutiert über den Zeitpunkt, weil er sich später treffen möchte als du. Er drückt dann seinen Willen durch und deshalb triffst du deine Traumfrau in diesem Bus und das nur weil du jetzt einen Bus später genommen hast dadurch, weil du auf deinen Willen verzichtet hast. Ich denke die Botschaft, die ich dir hier gerade mitgeben möchte, ist klar.

Sei offen und flexibel für andere Dinge dich evtl. nicht in deinem Verlangen stehen. So könne sich viele neue Türen für dich öffnen die dein Leben positiv beeinflussen werden.

Laufe nicht engstirnig durchs Leben und verpasse so großartige Möglichkeiten.

Für mich gibt es aber noch eine andere Form des Akzeptierens und zwar die, dass wir Dinge nicht annehmen wollen wir sie aber nicht ändern können. Damit meine ich eher so Dinge wie unser Partner ist in gewisse Situation nicht so einfühlsam wie du selbst und das stört dich. Du sprichst sie/ihn darauf an, aber es ändert sich nicht und du regst dich immer und immer wieder genau über dieses Thema auf.

Und genau hier ist der Punkt wo du anfangen solltest es einfach zu akzeptieren wie dein Partner ist sonst wirst du nie aufhöre dich darüber aufzuregen und raubst dir nur selbst wieder Energie. Du kannst deine Mitmenschen

nicht ändern außer sie wollen
es von selbst tun.

Also bitte verkopfe dich nicht in
Dinge, die du sowieso nicht
ändern kannst.

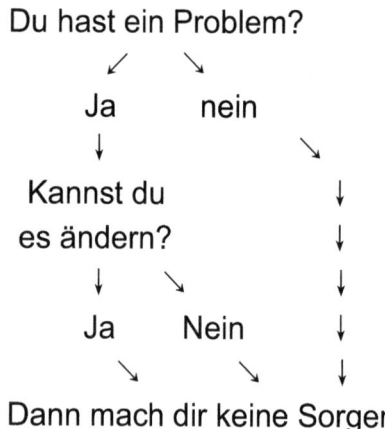

Du hast ein Problem?

Ja   nein

Kannst du
es ändern?

Ja   Nein

Dann mach dir keine Sorgen

Noch ein Spruch der dich
hoffentlich zum Denken anregt:

**Manchmal beginnt ein neuer
Weg nicht damit, neues zu
entdecken, sondern damit,
altbekanntes mit ganz
anderen Augen zu sehen.**
Unbekannt

Die Stärke die in dir Ruht

1. Glaube an dich selbst

So wir sind jetzt fast am Ende dieses kleinen Buches angelangt. Dann sorgen wir beide doch mal dafür das du auch die nötige Motivation hast, damit du auch in deinem Leben etwas verändern tust voraussichtlich du möchtest das tun.

Ich gebe dir nun ein paar Tipps, um auch das zu schaffen was du erreichen möchtest:

1. Überlege dir ganz für dich allein wo du hin willst oder wer du werden willst.
2. Wenn du Schritt eins erfolgreich geschafft hast schreibst du dir alle deine Ziele auf.
3. Setze dir selbst Zeiträume wo du deine Ziele erreichen möchtest.
4. Bekomme deinen Hintern hoch und akzeptiere keine Ausreden von dir selbst!

Verpflichte dich selbst dazu dir selbst zu beweisen, dass DU alles was DU dir vorgenommen hast schaffen kannst.
Priorisiere deine Ziele! Plane deine Strategie wie du dein Ziel

erreichst und dann lässt du dich von nichts mehr abbringen! Du kämpfst dich durch harte Nächte, weil du es dir Wert bist! Du machst das für dich und für niemand anderen! Sei es dir Wert das es hart werden kann aber am Ende wird es sich auszahlen, weil du dich selbst so glücklich machst! Sei ein Macher und keiner der immer nur erzählt was er vorhat aber nichts auf die Reihe bekommt! Solltest du mal am Ende sein und du denkst das du nicht mehr weiter machen kannst dann merke dir:

Deine Ziele interessiert es gerade nicht, wie du dich fühlst.

ZIEH ES DURCH!

2. Niemals aufgeben

Die große Schwierigkeit bei dem Ganzen ist nur durchzuhalten. Sich selbst an schweren Tagen zu motivieren und bei Rückschlägen nicht das Handtuch schmeißen wollen, sondern aus seinen Fehlern lernen, sich wieder aufrappeln und nochmal probieren.
Ich selbst kenne das. Man möchte zum Beispiel wieder Sport anfangen und abnehmen. 1-2 Wochen funktioniert das Ganze und schon rutscht man in alte Gewohnheiten, man macht wieder kein Sport und die Ernährung verschlechtert sich wieder. Wir dürfen uns

aber nicht hängen lassen und versuchen uns auch an den Tagen zum Sport zu zwingen, an denen wir eher lieber auf der Coach liegen bleiben wollen.

Ja ich weiß den eigenen Schweinehund zu überwinden ist nicht gerade leicht und wenn man ihn dann überwunden hat nicht wieder naja „rückfällig" werden. Bitte gebe niemals auf deine Ziele solange zu verfolgen bis du sie erreicht hast. Es ist in Ordnung, wenn du mal kaputt bist. Gönne dir eine Pause auch die sind wichtig. Sortiere dich neu, überdenke deinen Plan und dann stehst die wieder mit neuer Energie auf und arbeitest verdammt nochmal weiter. Sei es dir Wert nicht aufzugeben!

Es ist dein Glück was du
entweder vernachlässigen tust
oder du schmiedest es.
Es liegt ganz bei dir aber wenn
du dich dafür entscheidest es
durchzuziehen dann mache
das auch!
Und jetzt gehst du verdammt
nochmal da raus und machst
das Beste aus deinem Leben!

Schlusswort

Hier sind wir nun am Ende dieses Buchs. Ich hoffe sehr du konntest aus diesem kleinen aber wie ich finde doch sehr informativen Buch viel mitnehmen was dir auf deinem weg hilft.

Bitte vergiss nie:

Auch wenn es mal Hart ist und du aufgeben willst. Du machst das alles für dich und genau an dieser Stelle lernst du am meisten.

Du und alle anderen auf dieser Welt. Ihr seid zu ganzen großen bestimmt, wenn ihr nur wisst wie ihr euer Potenzial entfachen könnt.

In diesem Sinne wünsche ich
dir viel Erfolg auf deinem Weg
und alles Gute.

Danke Fürs lesen

Dein Luan Rieger